Anne Wilson

Ausgefallene Appetizer

KÖNEMANN

Perfekte Party-Häppchen

Mit diesen unwiderstehlichen Snacks wird jede Party zum vollen Erfolg. Bereiten Sie reichlich davon zu – ein Biß, und alle wollen mehr!

Frische Frühlingsrollen

Zubereitungszeit: 30 Min.
Garzeit: 12 Min.
Ergibt 10 Stück

Zitronen-Koriander-Dip
200 ml Wasser
1/2 Hühnerbrühwürfel
1 TL Honig
Saft und abgeriebene Schale von 1 Zitrone
1 EL Sojasauce
1 TL Koriander, gehackt

3 Karotten, geschält
1 rote Paprika
2 Zucchini
2 Frühlingszwiebeln
1 Eiweiß, leicht verquirlt
10 g Korianderblätter
10 Blatt Reispapier (Durchmesser 17 cm), in Asia-Märkten erhältlich

1 Für den Dip: Wasser, Hühnerbrühe, Zitronensaft und -schale und Sojasauce in einem Topf mischen. Köcheln lassen, bis die Hälfte der Flüssigkeit verdunstet ist. Vom Herd nehmen und durch ein Sieb seihen. Koriander zugeben. Abdecken und abkühlen lassen.
2 Karotten, Paprika, Zucchini und Frühlingszwiebeln in sehr feine Streifen schneiden; in eine Schüssel geben. Eiweiß und Koriander zufügen.
3 Jedes Reispapierblatt in warmem Wasser einweichen, dann auf ein Tuch legen. Gemüsemischung auf die Reisblätter verteilen. Enden einschlagen und aufrollen. In nur einer Schicht in einen Dampfkochtopf legen. Abgedeckt ca. 7 Minuten über kochendem Wasser garen. Mit der Sauce und nach Wunsch mit Frühlingszwiebeln und Paprika servieren.
Hinweis: Frühlingsrollen bis zu 2 Stunden im voraus zubereiten und abgedeckt in den Kühlschrank stellen.

Frische Frühlingsrollen

Pizzetta-Quadrate

Zubereitungszeit:
20 Min.
Back- und Garzeit:
40 Min.
Ergibt ca. 50 Stück

2 EL Öl
4 mittelgroße Zwiebeln, in dünne Ringe geschnitten
2 Platten Tiefkühlblätterteig, ausgerollt
100 g Pesto aus sonnengetrockneten Tomaten
10 Sardellen, feingehackt
15 g Basilikum, feingehackt

1 Backofen auf 200 °C vorheizen. Öl in einer großen Pfanne erhitzen und die Zwiebeln bei mittlerer Hitze ca. 20 Minuten dünsten, bis sie weich und hell- bis goldgelb sind. Vom Herd nehmen und abkühlen lassen.
2 Je 1 Platte Blätterteig auf ein eingefettetes Backblech legen, den Tomatenpesto gleichmäßig darauf verteilen. Gedünstete Zwiebeln über den Pesto streuen.
3 Sardellen und Basilikum auf dem Pesto verteilen. Ca. 20 Minuten backen, bis die Platten aufgegangen und goldgelb sind. Etwas abkühlen lassen und in kleine Quadrate schneiden. Warm servieren. Rucolablätter oder dünne Streifen roter Paprika eignen sich zum Garnieren.
Hinweis: Zwiebeln bis zu 1 Tag im voraus dünsten, abdecken und im Kühlschrank aufbewahren. Zutaten frühestens 1 Stunde vor dem Servieren zusammengeben und backen.

Würzige Hähnchenspieße

Zubereitungszeit:
30 Min.
Kühlzeit:
einige Std.
Garzeit:
10 Min.
Ergibt ca. 25 Stück

1 kg Hähnchenfilets
250 g Naturjoghurt
1 TL Chilipulver
1 TL Kurkuma
1 TL Kreuzkümmel, gemahlen
1 TL Koriander, gemahlen
1 TL frisch geriebener Ingwer
1 Knoblauchzehe, zerdrückt

Pizzetta-Quadrate (oben) und Würzige Hähnchenspieße

1 25 kleine Holzspieße 30 Minuten in kaltes Wasser legen, um ein Anbrennen während des Erhitzens zu verhindern. Hähnchenfilets von überschüssigem Fett und Sehnen befreien. Filets in dünne Streifen schneiden und vorsichtig auf die Spieße stecken, so daß die Spieße zu ca. 3/4 der Länge bedeckt sind.
2 Den Joghurt, das Chilipulver, die Kurkuma, Kreuzkümmel, Koriander, Ingwer und Knoblauch in eine kleine Schüssel geben und gut mischen. Die Spieße in eine nicht-metallene, flache Schale legen, mit der Joghurtsauce übergießen und mit Frischhaltefolie verschlossen mehrere Stunden oder über Nacht in den Kühlschrank stellen. Die Spieße gelegentlich wenden, damit das Hähnchen von allen Seiten gleichmäßig mariniert wird.
3 Hähnchenspieße auf einen heißen, leicht eingefetteten Grillrost oder ein Grillblech legen. 8–10 Minuten backen, bis das Hähnchen zart und braun ist. Nach Wunsch mit frischen Kräutern Ihrer Wahl garnieren.
Hinweis: Die Spieße erst kurz vor dem Servieren zubereiten.

Käse-Pastete

Zubereitungszeit:
20 Min.
Kühlzeit:
1 Std.
Garzeit:
5 Min.
Ergibt ca. 750 ml

150 g Pinienkerne
500 g Fetakäse
185 ml Sahne
2 TL Pfeffer, grobgemahlen
25 g frisch gehackte Minze
30 g frisch gehackter Dill
30 g frisch gehackte Petersilie

1 Ofen auf 180 °C vorheizen. Pinienkerne gleichmäßig auf einem Backblech verteilen. 3–5 Minuten rösten, bis sie leicht gebräunt sind, dann abkühlen lassen.
2 Pinienkerne in einer Küchenmaschine grob mahlen. Fetakäse zerbröckeln und mit Sahne und Pfeffer zu den Nüssen geben. Gut vermengen. Kräuter zugeben und noch einmal kurz mischen, bis alles vermengt ist.
3 Eine Schüssel mit Frischhaltefolie auskleiden. Mischung in die Schüssel geben und andrücken. Mindestens 1 Stunde in den Kühlschrank stellen. Auf einen Teller stürzen und die Oberfläche mit einem Messer glätten. Nach Wunsch mit Pinienkernen und Kräuterblättern garnieren. Pastete mit Toastdreiecken, von denen die Rinde abgeschnitten wurde, oder mit knusprigfrischen Brotscheiben servieren.
Hinweis: Pastete kann bis zu 2 Tagen im voraus zubereitet werden. Abgedeckt im Kühlschrank aufbewahren, 30 Minuten vor dem Servieren aus dem Kühlschrank nehmen.

Mini-Croissants

Zubereitungszeit:
30 Min.
Kühlzeit:
30 Min.
Garzeit:
30 Min.
Ergibt 30 Stück

40 g Butter
3 mittelgroße Zwiebeln, feingegewürfelt
12 Oliven, entsteint, in dünne Scheiben geschnitten
2 EL frisch gehackte Petersilie
zerstoßener schwarzer Pfeffer nach Geschmack
3 Platten Tiefkühlblätterteig, ausgerollt
1 Ei, verquirlt

1 Butter in einer Pfanne zerlassen und die Zwiebeln bei mittlerer Hitze ca. 10 Minuten dünsten, bis sie goldgelb sind und süßlich schmecken. Vom Herd nehmen und mit Oliven, Petersilie und Pfeffer und Salz verrühren. Abkühlen lassen.
2 Jede Blätterteigplatte in 2 Hälften, dann jede Hälfte in 5 Dreiecke schneiden, deren kürzeste Seite ca. 8 cm lang ist. Einige Enden bleiben übrig. Ein wenig Olivenmischung auf die Unterkante jedes Dreiecks geben und zur Spitze hin aufrollen, bis die Füllung umhüllt ist. Die Enden umschlagen und ein Croissant formen.
3 Croissants auf ein beschichtetes Backblech legen und 30 Minuten in den Kühlschrank stellen. Ofen auf 200 °C vorheizen. Croissants mit dem verquirlten Ei bestreichen und ca. 20 Minuten backen, bis sie aufgegangen sind und goldgelb glänzen.
Hinweis: Croissants können bis zu 6 Stunden im voraus zubereitet werden. Kurz vor dem Servieren wie oben angegeben backen.

Käse-Pastete (oben) und Mini-Croissants

Baby-Kartoffeln

Zubereitungszeit:
10 Min.
Garzeit:
30 Min.
Ergibt 30 Stück

30 kleine junge Kartoffeln (siehe Hinweis)
250 g saure Sahne
2 EL Kaviar

1 Ofen auf 200 °C vorheizen. Kartoffeln mit einer Gabel einstechen und auf ein Backblech legen. Ca. 30 Minuten backen, bis die Kartoffeln weich sind. Auf Zimmertemperatur abkühlen lassen.
2 Kartoffeln an der Oberseite kreuzförmig einschneiden, auseinanderdrücken und mit einem kleinen Klecks saurer Sahne und Kaviar bedecken.
Hinweis: Kartoffeln bis zu 4 Stunden im voraus backen und frühestens 30 Minuten vor dem Servieren saure Sahne und Kaviar zugeben.

Hinweis: Wählen Sie für dieses Rezept sehr kleine, gleich große Kartoffeln aus. Nehmen Sie ganz nach Geschmack schwarzen oder roten Kaviar.

Rinderfilet-röllchen

Zubereitungszeit:
30 Min.
Back- und Garzeit:
30 Min.
Ergibt 20 Stück

500 g rundes Rinderfilet (Durchmesser 8 cm)
3 EL Olivenöl
1 1/2 EL Meerrettichcreme
1 1/2 EL körniger Senf
1 mittelgroße Zucchini, in feine Streifen geschnitten
1 kleine Karotte, in feine Streifen geschnitten
1 kleine Paprika, in feine Streifen geschnitten
50 g Erbsenschoten, in feine Streifen geschnitten

1 Den Backofen auf 200 °C vorheizen. Rinderfilet von überschüssigem Fett und Sehnen befreien und leicht mit einem Teil des Öls bestreichen. Eine gußeiserne Pfanne auf höchster Stufe erhitzen und das Fleisch darin von allen Seiten kurz anbraten, damit die Fleischsäfte erhalten bleiben.
2 Das Fleisch in eine Auflaufform legen und 20 Minuten im Ofen backen. Aus dem Backofen nehmen und abkühlen lassen.
3 Das abgekühlte Rinderfilet in sehr dünne Scheiben schneiden. Meerrettichcreme und Senf mischen, auf jede Scheibe ein wenig von der Mischung streichen.
4 Restliches Öl in einer Pfanne erhitzen und Zucchini, Karotte, Paprika und Erbsen sehr heiß werden lassen; beiseite stellen und abkühlen lassen. Ein wenig der Gemüsemischung auf das Ende jeder Filetscheibe legen und aufrollen. Auf einem Teller arrangieren und servieren.
Hinweis: Das Rinderfilet kann bis zu 2 Stunden im voraus zubereitet werden. Das Gemüse möglichst nicht früher als 30 Minuten vor dem Servieren zubereiten.

Baby-Kartoffeln (Mitte) und Rinderfilet-Röllchen

Mini-Linsenburger mit Tomatensauce

Zubereitungszeit:
30 Min.
Garzeit:
45 Min.
Ergibt 30 Stück

200 g braune Linsen
1 Lorbeerblatt
1 mittelgroße Zwiebel, grobgehackt
1 Knoblauchzehe, zerdrückt
1 kleine Porreestange, in dünne Ringe geschnitten
1 kleine Karotte, geraspelt
100 g frische Semmelbrösel
2 Eigelb
2 EL frisch gehackter Estragon oder Koriander
2–3 EL Öl
Brot nach Wahl
Tomaten-Fertigsauce

1 Linsen und Lorbeerblatt in einen mittelgroßen Topf geben, mit reichlich Wasser bedecken, zum Kochen bringen und ohne Deckel 20–30 Minuten kochen lasssen, bis sie weich sind. Gut abtropfen lassen und Lorbeerblatt entfernen.
2 Die Hälfte der Linsen mit Zwiebel und Knoblauch in eine Küchenmaschine geben und zu einer Paste vermischen. In eine Schüssel geben und mit den übrigen Linsen, Porree, Karotte, Semmelbröseln, Eigelbe und Estragon vermengen; mit Salz und frisch gemahlenem schwarzem Pfeffer abschmecken. Mit einem Eßlöffel Portionen abnehmen und zu einem Burger formen.
3 Einen Teil des Öls in einer beschichteten Pfanne erhitzen und die Mini-Burger darin anbraten, bis sie von beiden Seiten braun sind. Restliches Öl nach Bedarf zugeben; auf Haushaltspapier abtropfen lassen. Einen Klecks Tomatensauce auf die Burger geben, warm und je nach Geschmack auf Brotscheiben servieren.
Hinweis: Burger können einen Tag im voraus zubereitet und vor dem Servieren im Backofen erhitzt werden.

Lachsspieße mit Ingwer-Zitronen-Mayonnaise

Zubereitungszeit:
30 Min.
Kühlzeit:
1 Std.
Garzeit:
2 Min.
Ergibt 24 Spieße

500 g Lachsfilet
Olivenöl
Meersalz

Ingwer-Zitronen-Mayonnaise
250 g hochwertige Mayonnaise
60 g Naturjoghurt
1 TL frischer Ingwer, feingerieben
1 TL Zitronenschale, feingerieben
2 TL Zitronensaft

1 Lachs häuten. Mit einer Pinzette die Gräten entfernen. Den Fisch in Frischhaltefolie wickeln und 1 Stunde ins Gefrierfach legen.
2 24 kleine Holzspieße 30 Minuten in Wasser einweichen. Den Grill vorheizen. Lachsfilet in 5 cm lange Streifen schneiden. Streifen locker auf die Spieße stecken und auf einem geölten Teller ablegen. Von allen Seiten mit Öl bestreichen und mit Meersalz und frisch gemahlenem Pfeffer würzen. 2 Minuten grillen, nicht zu lange erhitzen. Mit der Ingwer-Zitronen-Mayonnaise als Beilage servieren. Frische Zitronenscheiben, Kapern und frischer Dill eignen sich zum Garnieren.
3 Für die Ingwer-Zitronen-Mayonnaise: Mayonnaise in eine kleine Schüssel geben und schlagen, bis sie sämig ist. Joghurt, Ingwer und Zitronenschale zugeben, dann

Lachsspieße mit Ingwer-Zitronen-Mayonnaise (oben) und Mini-Linsenburger mit Tomatensauce

den Saft. Mit Salz und Pfeffer abschmecken und verrühren, bis alles gut vermengt ist. Mindestens 1 Stunde kalt stellen.

Hinweis: Spieße bis zu 1 Stunde im voraus zubereiten, dann in den Kühlschrank stellen. Kurz vor dem Servieren grillen. Die Mayonnaise bis zu 6 Stunden im voraus anrühren. Verschlossen im Kühlschrank aufbewahren.

Party-Dips

Wohl kaum jemand kann einem cremigen Dip oder einer leckeren Platte mit knackiger Rohkost widerstehen.

Baba Ghanouj

2 große Auberginen längs halbieren, mit der Innenseite nach unten auf ein eingefettetes Backblech legen und 1 Stunde backen. Abkühlen lassen, Fruchtfleisch herauslösen und mit 3 zerdrückten Knoblauchzehen, 2 EL Zitronensaft und 2 EL Sesampaste in einer Küchenmaschine pürieren. Salzen und pfeffern. Im Kühlschrank bis zu 2 Tagen haltbar.

Guacamole (Avocadomus)

2 große Avocados mit 1–2 EL Zitronensaft und 1–2 gepreßten Knoblauchzehen zerdrücken. 1 feingehackte rote Zwiebel, 1 gehackte Tomate und 15 g frische Korianderblätter unterrühren. Schärfer wird es mit 1 kleinen, frischen, feingehackten Chilischote Im Kühlschrank bis zu 4 Stunden haltbar.

Hummus (Kichererbsenmus)

900 g Kichererbsen aus der Dose abspülen, abtropfen lassen und mit je 60 ml Zitronensaft und Olivenöl und 2 gepreßten Knoblauchzehen in der Küchenmaschine vermischen; 2 EL Sesampaste zugeben, gut mischen. Mit 50 ml Wasser glattrühren. Mit 1/2 TL gemahlenem Kreuzkümmel und Salz und Pfeffer würzen. In eine Schüssel geben; ein paar Tropfen natives Olivenöl auf die Oberfläche träufeln. Im Kühlschrank bis zu 2 Tagen haltbar.

Chili con Queso

Eine mittelgroße Zwiebel sehr fein hacken und in ein wenig Öl in einer Pfanne dünsten, bis sie sehr weich, aber nicht braun ist. 1 TL Chilipulver darüber streuen und wenige Sekunden weiter erhitzen. 300 g saure Sahne zugeben und rühren, bis alles erwärmt und leicht flüssig ist. 300 g geriebenen Cheddarkäse zugeben; rühren, bis er geschmolzen und die Masse glatt ist. Mit Mais- oder Kartoffelchips servieren.

Lachsdip

400 g Räucherlachs in eine Küchenmaschine geben. 120 ml Sahne, 150 g Rahmkäse, 60 ml Zitronensaft, 2 EL frischen Dill und 1 EL gehackten Schnittlauch zugeben. Alles gut vermischen, bis die Masse glatt ist, und mit Salz und frisch gemahlenem schwarzem Pfeffer würzen. Im Kühlschrank bis zu 1 Tag haltbar.

Rohkost

Gemüse-Rohkost ist überall beliebt. Wählen Sie verschiedene Gemüsesorten aus. Achten Sie dabei nicht nur auf den Geschmack, sondern auch auf Farben und Formen; das Auge ißt mit. Es ist üblich, das Gemüse in Streifen zu schneiden, aber wählen Sie ruhig auch andere Formen.

Von links: Guacamole, Baba Ghanouj, Hummus, Chili con Queso, Lachsdip, Rohkost

Fritierte Käse-Sandwiches

Zubereitungszeit:
20 Min.
Garzeit:
5 Min. pro Portion
Ergibt ca. 40 Stück

20 dicke Scheiben Sauerteig-Brot
100 g Dijon-Senf
600 g Mozzarella, in Scheiben geschnitten
Öl zum Fritieren
Mehl
3 Eier, verquirlt
Brunnenkresse zum Garnieren

1 Krusten der Brotscheiben abschneiden. Scheiben mit Senf bestreichen, eine Scheibe Käse auflegen und als Deckel eine weitere Scheibe Brot.
2 Öl in einer Pfanne erhitzen. Sandwiches von beiden Seiten mit Mehl bestäuben und kurz in die verquirlten Eier tunken.
3 Sandwiches von beiden Seiten fritieren, bis sie goldbraun schimmern; auf Küchenpapier abtropfen lassen. In kleine Quadrate schneiden und mit Brunnenkresse garnieren. Heiß servieren.

Hinweis: Sandwiches bis zu 4 Stunden im voraus zusammensetzen, aber erst kurz vor dem Fritieren mit Mehl bestäuben und ins Ei tunken.

Krebshäppchen mit Pistazien-Avocado-Dip

Zubereitungszeit:
40 Min.
Kühlzeit:
einige Std.
Garzeit:
6 Min. pro Portion
Ergibt ca. 48 Stück

500 g Krebsfleisch, frisch oder aus der Dose
2 Eier, leicht verquirlt
80 g frische Semmelbrösel
2 EL frisch gehackter Koriander
1 Frühlingszwiebel, feingehackt
4 EL milde Chilisauce
Saft und abgeriebene Schale von 1/2 Zitrone
1 EL Dijon-Senf
1 EL geriebener Ingwer
Butter und Öl zum Braten
Mehl zum Bestäuben

Pistazien-Avocado-Dip
1 EL Butter
90 g Pistazien, geschält, feingehackt
1 reife Avocado
1 EL Zitronensaft
125 g Mayonnaise

1 Krebsfleisch (wenn aus der Dose, abgetropft) mit Eiern, Semmelbröseln, gehacktem Koriander, Frühlingszwiebel, Chilisauce, Zitronenschale und -saft, Senf und Ingwer in einer Schüssel sorgfältig mischen. Kleine, mundgerechte Häppchen formen. Bis kurz vor dem Servieren abgedeckt in den Kühlschrank stellen.
2 Butter und Öl in einer Pfanne erhitzen. Krebshäppchen leicht im Mehl wälzen und von beiden Seiten 2–3 Minuten braten, bis sie goldbraun sind. Auf Küchenpapier abtropfen lassen. Warm mit dem Dip servieren.
3 Für den Dip: Butter in einer Pfanne zerlassen und die gehackten Pistazien erhitzen, bis sie goldbraun sind. Aus der Pfanne nehmen und abkühlen lassen. Avocado in einer Schüssel zerdrücken, Zitronensaft zugeben und verrühren. Nüsse und Mayonnaise zugeben; nach Wunsch mit einigen Pistazien garnieren; abgedeckt mindestens 1 Stunde in den Kühlschrank stellen.
Hinweis: Die Krebshäppchen können bis zu 6 Stunden im voraus geformt werden.

Fritierte Käse-Sandwiches (oben) und Krebshäppchen mit Pistazien-Avocado-Dip

Eingelegte Forellen-Gurken-Törtchen

Zubereitungszeit:
30 Min.
Ruhezeit:
1 Std. 50 Min.
Garzeit:
10 Min.
Ergibt 15 Stück

125 g Mehl
2 EL frisch geriebener Parmesan
75 g kalte Butter, gewürfelt
1 Ei, leicht verquirlt

Füllung
300 g Seeforellenfilet
60 ml Zitronensaft
2 EL natives Olivenöl
60 g Salatgurke, ungeschält, feingehackt
1 EL Frühlingszwiebeln, in dünne Ringe geschnitten
1 EL frisch gehackter Dill oder Kerbel
Meersalz
frisch gemahlener schwarzer Pfeffer
15 Blatt junger Spinat

1 Mehl, 1 Prise Salz, Käse und Butter in eine Küchenmaschine geben. Mischen, bis die Menge fein und krümelig ist. Ei zugeben und weitere 15 Sekunden vermischen. Teig auf einer leicht bemehlten Fläche kneten, bis er geschmeidig ist. In Frischhaltefolie wickeln und 30 Minuten in den Kühlschrank stellen.
2 Für die Füllung: Forelle häuten. Gräten mit einer Küchenpinzette entfernen. Fisch in Frischhaltefolie wickeln und 1 Stunde einfrieren. Zitronensaft und Öl in einer mittelgroßen Schüssel verrühren. Fisch in 3 x 1 cm große Streifen schneiden und in die Marinade geben. Abgedeckt bei Zimmertemperatur 20 Minuten ziehen lassen, bis der Fisch dunkel wird (im Sommer im Kühlschrank ziehen lassen – der Vorgang dauert dann ein wenig länger). So viel Marinade abgießen, daß der Fisch gerade noch feucht ist. Gurke, Frühlingszwiebeln, Dill oder Kerbel zugeben, gut mit Salz und Pfeffer würzen.
3 Ofen auf 210 °C vorheizen. Den Teig 2 mm dick ausrollen, 15 Kreise ausstechen (Durchmesser 8 cm) und Pastetchenbackformen damit auslegen. Teig mehrmals leicht mit einer Gabel einstechen und 9–10 Minuten backen, bis die Törtchen goldbraun sind; aus den Formen nehmen und abkühlen lassen. Ein Spinatblatt in jedes Törtchen legen und mit je 1 EL Füllung bedecken und servieren.
Hinweis: Törtchen bis zu 2 Tagen im voraus backen und luftdicht verschlossen aufbewahren.

Kräuter-Fleischbällchen

Zubereitungszeit:
30 Min.
Garzeit:
5 Min. pro Portion
Ergibt ca. 45 Stück

1 mittelgroße Zwiebel, feingehackt
750 g Rinderhackfleisch
1 Ei, leicht verquirlt
2 Knoblauchzehen, zerdrückt
2 TL zerstoßener schwarzer Pfeffer
1/4 TL Salz
2 EL Pflaumensauce
1 EL Worcestersauce
2 EL frischer Rosmarin, feingehackt
1–2 EL frische Minze oder frisches, mildes Basilikum, feingehackt
Öl zum Braten

1 Zwiebel, Fleisch, Ei, Knoblauch, Pfeffer, Salz, Saucen und Kräuter in einer großen Schüssel mit den Händen gut vermengen. Je

Kräuter-Fleischbällchen (oben) und Eingelegte Forellen-Gurken-Törtchen

1 EL der Fleischmischung zu einem Bällchen formen.
2 Öl in einer Pfanne erhitzen. Fleischbällchen bei mittlerer Hitze nach und nach 5 Minuten braten, bis sie braun sind. Die Pfanne während des Erhitzens rütteln, um ein Ansetzen zu verhindern. Abtropfen lassen und warm stellen. Nach Wunsch mit Tomaten- oder Barbecuesauce servieren.
Hinweis: Bis zu 2 Wochen im voraus zubereiten; luftdicht verschlossen im Gefrierfach aufbewahren. Auftauen und im Backofen bei 180 °C 10–15 Minuten erhitzen. Oder roh einfrieren und kurz vor dem Servieren auftauen und braten.

Spargel-Prosciutto-Röllchen

Zubereitungszeit:
20 Min.
Garzeit:
8 Min.
Ergibt 12 Stück

12 Spargelstangen
50 g zerlassene Butter
4 EL frisch geriebener Parmesan
6 Scheiben Prosciutto, halbiert
frisch geriebener Muskat
zerstoßener schwarzer Pfeffer
Saft von 1/2 Zitrone

1 Ofen auf 180 °C vorheizen. Enden der Spargelstangen abschneiden, so daß das obere Stück 9 cm lang ist. Leicht gesalzenes Wasser in einem Topf zum Kochen bringen, Spargelspitzen zugeben und 1 Minute kochen, bis sie gar sind.
2 Spargel abtropfen lassen und trockentupfen. Mit zerlassener Butter bestreichen und im geriebenen Parmesan wälzen. Jedes Spargelstück mit 1/2 Scheibe Prosciutto umwickeln.
3 Einen feuerfesten Teller mit zerlassener Butter bestreichen. Spargelröllchen auf den Teller legen. Mit restlichem Parmesan, geriebenem Muskat und zerstoßenem Pfeffer bestreuen. 7 Minuten im Ofen backen. Mit etwas Zitronensaft beträufeln und servieren.
Hinweis: Bis zu 6 Stunden im voraus zubereiten und abgedeckt im Kühlschrank aufbewahren. Kurz vor dem Servieren überbacken.

Ziegenkäsetörtchen

Zubereitungszeit:
40 Min.
Kühlzeit:
30 Min.
Garzeit:
25 Min.
Ergibt 15 Stück

125 g Mehl
75 g kalte Butter, gewürfelt
1–2 EL kalte Milch

Füllung
6 sonnengetrocknete Tomaten, in Scheiben geschnitten
100 g Ziegenkäse, in Stücken
1 EL frisch gehacktes Basilikum
10–15 schwarze Oliven, entsteint, in Scheiben geschnitten
1 EL Frühlingszwiebelgrün, gehackt
2 Eier
125 ml Sahne

1 Mehl, 1 Prise Salz und Butter in eine Küchenmaschine geben; vermengen, bis die Mischung krümelig ist. Milch zugeben; gut vermischen. Herausnehmen und leicht kneten. In Frischhaltefolie wickeln und 30 Minuten in den Kühlschrank legen. Ofen auf 180 °C vorheizen.
2 Teig 2 mm dick ausrollen. 15 Kreise (Durchmesser 8 cm) ausstechen und tiefe Pastetenförmchen damit auslegen. Teig leicht einstechen; 7 Minuten backen, bis der Teig fest, aber nicht gebräunt ist.
3 Sonnengetrocknete Tomaten auf den Boden legen; mit Käse, Basilikum, Oliven und Frühlingszwiebelgrün füllen. Eier in einer kleinen Schüssel leicht verquirlen; Sahne zugeben, salzen und pfeffern. Die Mischung auf die Füllung geben; 15 Minuten backen, bis die Füllung fest ist.
Hinweis: Die Törtchen können am gleichen Tag gebacken werden. Abgedeckt in den Kühlschrank stellen.

Spargel-Prosciutto-Röllchen (oben) und Ziegenkäsetörtchen

Bruschetta

Zubereitungszeit:
1 Std.
Garzeit:
20 Min.
Ergibt ca. 60 Stück

Bruschetta
1 großer Laib italienisches Weißbrot
60 ml Olivenöl
2 Knoblauchzehen, zerdrückt

Rucola-Salami-Belag
125 ml Pestosauce aus dem Glas
60 g Rahmkäse
150 g Rucolablätter
125 g Salami, in dünne Scheiben geschnitten
Parmesan, geraspelt

Ricotta-Schinken-Belag
125 g Ricottakäse
15 g frisches Basilikum, feingehackt
2 EL sonnengetrocknete Tomaten, feingehackt
Olivenöl
125 g Pancetta oder anderer Schinken, in dünne Scheiben geschnitten

Räucherlachs-Spargel-Belag
125 g weicher Rahmkäse
1 Bund Spargel, geputzt und blanchiert
200 g Räucherlachs, in Scheiben geschnitten
1 EL Olivenöl
150 g Kapern, aus dem Glas, abgetropft

Traditioneller Tomaten-Basilikum-Belag
2 reife Tomaten
15 g frisches Basilikum, feingehackt
1 EL natives Olivenöl

1 Ofen auf 180 °C vorheizen. Brot in 1,5 cm dicke Scheiben schneiden. Scheiben halbieren oder vierteln. Backblech mit Öl einfetten, Scheiben darauflegen.
2 Restliches Öl und Knoblauch mischen; großzügig auf dem Brot verteilen. 10–15 Minuten backen, bis das Brot knusprig und braun wird, nach der Hälfte der Backzeit wenden. Aus dem Backofen nehmen und abkühlen lassen.
3 Für den Rucola-Salami-Belag: Pesto mit Rahmkäse mischen und auf die Bruschetta streichen. Mit Rucolablättern, Salami und Käse belegen.
4 Für den Ricotta-Schinken-Belag: Ricotta mit Basilikum und sonnengetrockneten Tomaten mischen. Auf die Bruschetta streichen. Eine Pfanne mit etwas Olivenöl einfetten. Schinken knusprig braten. Zerkrümeln und über die Ricottamischung streuen.
5 Für den Räucherlachs-Spargel-Belag: Bruschetta mit Rahmkäse bestreichen. Holzige Enden vom Spargel abschneiden, Stangen in je 4 Stücke teilen. Mit Räucherlachs und frisch gemahlenem schwarzem Pfeffer auf dem Käse anrichten. Kapern bei mittlerer Hitze in Öl schwenken, bis sie knusprig werden; auf den Lachs geben.
6 Für den traditionellen Tomaten-Basilikum-Belag: Tomaten fein hacken und in einer Schüssel mit Basilikum und Olivenöl mischen. Mit frisch gemahlenem schwarzem Pfeffer abschmecken. Kurz vor dem Servieren auf das Brot geben.
Hinweis: Das Brot bis zu 2 Stunden im voraus zubereiten. Die Beläge erst 30 Minuten vor dem Servieren zubereiten und auftragen.

Bruschetta mit buntem Belag (oben) und Traditionelle Tomaten-Basilikum-Bruschetta

Honig-Soja-Hähnchenflügel

Zubereitungszeit:
15 Min.
Kühlzeit:
2 Std.
Garzeit:
40 Min.
Ergibt 12 Stück

12 Hähnchenflügel (ca. 1,2 kg)
2 EL Sojasauce
2 EL Hoisin-Sauce
60 ml Tomatensauce
90 g Honig
1 EL Apfelweinessig
2 Knoblauchzehen, zerdrückt
2 EL Sesamkörner
1/2 TL chinesische Fünf-Kräuter-Würzmischung
1 EL Sesamöl

1 Hähnchenflügel abspülen und trockentupfen. Flügelspitzen unter der Oberseite feststecken. Sojasauce, Hoisin-Sauce, Tomatensauce, Honig, Essig, Knoblauch, Sesamkörner, Fünf-Kräuter-Würzmischung und Öl in einer großen Schüssel mischen.
2 Hähnchen zugeben, gut mit der Marinade bedecken. Mindestens 2 Stunden abgedeckt kalt stellen, Flügel mehrmals wenden.
3 Ofen auf 180 °C vorheizen. Flügel abtropfen lassen und Marinade weggießen. Hähnchen über ein Backblech auf einen Grillrost legen. 35–40 Minuten backen. Warm oder bei Zimmertemperatur servieren.
Hinweis: Flügel bis zu 8 Stunden im voraus marinieren. Höchstens 30 Minuten vor dem Servieren backen.

Krabbentoasts

Zubereitungszeit:
20 Min.
Garzeit:
10–15 Min.
Ergibt 48 Stück

350 g rohe Krabben
1 Knoblauchzehe
75 g Wasserkastanien oder Bambussprossen, abgetropft
1 EL frischer Koriander, feingehackt
1 Stück Ingwer (2 cm), geschält
2 Eier, getrennt
1/4 TL weißer Pfeffer
1/2 TL Salz
12 Scheiben Weißbrot
150 g Sesamkörner
Öl zum Fritieren

1 Krabben pellen und säubern; Köpfe und Schwänze entfernen. Krabbenfleisch, Knoblauch, Wasserkastanien oder Bambussprossen, Koriander, Ingwer, Eiweiß, Pfeffer und Salz in eine Küchenmaschine geben. Ca. 20–30 Sekunden glattrühren. Kruste vom Brot entfernen, jede Scheibe in 4 Dreiecke schneiden.
2 Die Oberseite jedes Dreiecks mit verquirltem Eigelb bestreichen; Krabbenmischung gleichmäßig darauf verteilen. Mit Sesamkörnern bestreuen.
3 Öl in einer gußeisernen Pfanne erhitzen. Toasts in kleinen Portionen 10–15 Sekunden fritieren, mit der Krabbenmischung nach unten. Darauf achten, daß beide Seiten gegart werden.
4 Mit einer Zange oder einem Schöpflöffel herausnehmen. Auf Küchenpapier gut abtropfen lassen und sofort servieren. Nach Wunsch mit frischen Zitronenscheiben und Schnittlauch oder Kräutern und Saucen Ihrer Wahl anrichten.
Hinweis: Krabbentoasts mehrere Stunden im voraus zubereiten und abgedeckt im Kühlschrank aufbewahren. Erst kurz vor dem Servieren fritieren.

Honig-Soja-Hähnchenflügel (oben) und Krabbentoasts

Karamelisierte Äpfel mit Roquefort auf Pumpernickel

Zubereitungszeit:
30 Min.
Garzeit:
ca. 15 Min.
Ergibt ca. 24 Stück

3 Äpfel (Golden Delicious oder nach Wahl)
2 EL Zitronensaft
60 g Puderzucker
30 g Butter
175 g Roquefort, zerkrümelt
30 g Walnüsse, feingehackt
1 Selleriestange, feingehackt
250 g kleine Scheiben Pumpernickel

1 Äpfel schälen, entkernen und achteln. Spalten mit Zitronensaft bepinseln und mit reichlich Puderzucker bestäuben. Butter in einer Pfanne erhitzen; wenn sie schäumt, einige Apfelspalten zugeben und erhitzen, bis sie braun werden und zu karamelisieren beginnen. Zum Abkühlen auf Alufolie oder Backpapier legen. Mit den übrigen Spalten ebenso verfahren; wenn nötig, mehr Butter zugeben.

2 Käse, Walnüsse und gehackten Sellerie in einer kleinen Schüssel mischen. Käsemischung mit einer Apfelspalte auf eine Scheibe Pumpernickel geben. Nach Wunsch mit Sellerieblättern garnieren.

Hinweis: Ein paar Stunden im voraus zubereiten und abgedeckt im Kühlschrank aufbewahren.

Räucherlachsröllchen

Zubereitungszeit:
30 Min.
Kühlzeit:
3 Std.
Garzeit:
5 Min.
Ergibt 18 Stück

3 Eier
3 TL Wasser
1 1/2 TL Stärke, gesiebt
Olivenöl
250 g weicher Rahmkäse, auf Zimmertemperatur gebracht
1 EL eingelegter Ingwer, feingehackt
2 EL frischer Schnittlauch, feingehackt
100 g Räucherlachs, feingehackt
frisch gemahlener schwarzer Pfeffer

1 1 Ei in einer kleinen Schüssel mit 1 TL Wasser, 1/2 TL Stärke und etwas Salz und Pfeffer leicht verquirlen.

2 Eine beschichtete Omelett-Pfanne erhitzen und leicht mit Öl einpinseln. Eimischung zugeben und bei mittlerer Hitze backen, bis sie fest ist; dabei die Mischung von den äußeren Rändern her mit einem großen Löffel in die Mitte ziehen. Omelett 2 Minuten in der Pfanne abkühlen lassen, dann vorsichtig mit der ungebackenen Seite nach oben auf eine saubere, ebene Fläche gleiten lassen. Weiter abkühlen lassen. Aus restlichen Eiern, Wasser und Stärke 2 weitere Omeletts backen.

3 Omeletts auf einer ebenen Arbeitsfläche auf nicht-haftendes Backpapier legen. Rahmkäse gleichmäßig auf die Omeletts streichen. Dabei aufpassen, daß sie nicht einreißen. Mit Ingwer, Schnittlauch und Lachs bestreuen und mit frisch gemahlenem Pfeffer würzen. Jedes Omelett behutsam, aber fest aufrollen. Ziehen Sie dabei das Papier als Hilfestellung immer weiter zu sich. Abgedeckt mindestens

Räucherlachsröllchen (oben) und Karamelisierte Äpfel mit Roquefort auf Pumpernickel

3 Stunden in den Kühlschrank stellen.

4 Die Rollen mit einem scharfen Messer in 2 cm dicke Scheiben schneiden, die Enden entfernen. Mit frischer Petersilie oder Kräutern nach Wahl garnieren.

Hinweis: Lachsröllchen können bis zu 1 Tag im voraus zubereitet werden. Mit Frischhaltefolie abgedeckt im Kühlschrank aufbewahren. Vor dem Servieren Zimmertemperatur annehmen lassen.

Vorsichtig die Haut von den gegrillten, abgekühlten Paprika abziehen.

Spinatblätter ausbreiten und mit Papiertüchern trockentupfen.

Crostini mit Paprikaroulade

Zubereitungszeit:
30 Min.
Kühlzeit:
3 Std.
Garzeit:
10 Min.
Ergibt ca. 20 Stück

2 rote Paprika
2 gelbe Paprika
8 Blatt Spinat
1 EL frisch gehackte Petersilie
1 Baguette
Olivenöl
Parmesan, geraspelt

1 Backofengrill vorheizen. Deckel von den Paprika abschneiden und Kerne und weiße Haut entfernen. In Stücke schneiden, außen mit etwas Öl bestreichen und mit der Außenseite nach oben im Backofen erhitzen, bis die Haut sich schwarz färbt. In einem verschlossenen Gefrierbeutel abkühlen lassen. Haut abziehen.

2 Stengel vom Spinat entfernen, Blätter in eine Schüssel legen. Mit kochendem Wasser bedecken und ein paar Minuten ziehen lassen, bis die Blätter weich sind; abtropfen und abkühlen lassen. Überschüssiges Wasser ausdrücken und trockentupfen.

3 Auf ebener Fläche Frischhaltefolie ausbreiten. Rote Paprika in Form eines Rechtecks darauf auslegen, so daß sich die Ränder überlappen. Darauf die Spinatblätter und als dritte Schicht die gelben Paprika legen. Darauf achten, daß keine Lücken entstehen und die Stücke sich überlappen. Mit Petersilie bestreuen. Mit Hilfe der Frischhaltefolie das Rechteck von der Längsseite her aufrollen; Enden verschließen; 3 Stunden kühl stellen.

4 Backofen auf 200 °C vorheizen. Baguette in 1 cm dicke Scheiben schneiden. Auf ein Backblech legen, mit Olivenöl bestreichen, mit Salz bestreuen und goldbraun backen.

5 Folie entfernen, Roulade in 1,5 cm dicke Scheiben schneiden und auf die Crostini legen. Mit etwas Öl beträufeln und mit Parmesan garnieren.

Hinweis: Belag und Brot bis zu 6 Stunden im voraus zubereiten. Brot höchstens 30 Minuten vor dem Servieren belegen, da es weich werden könnte.

Crostini mit Paprikaroulade

Paprika und Spinatblätter auf die Folie schichten.

Folie von der Roulade entfernen, dann die Rolle in Scheiben schneiden.

Hähnchen-Ricotta-Häppchen

Zubereitungszeit:
30 Min.
Garzeit:
25 Min.
Ergibt 24 Stück

1 Ei
375 g mageres Hähnchenfleisch, zerkleinert
200 g Ricottakäse
2 EL frisches Basilikum, feingehackt
1 EL frisch gehackter Schnittlauch (oder Frühlingszwiebelspitzen)
1/2 TL Salz
2 Platten Tiefkühlblätterteig, ausgerollt
1 Ei, leicht verquirlt, für die Glasur

1 Backofen auf 210 °C vorheizen. 2 Backbleche leicht mit zerlassener Butter oder Öl einfetten. Ei in einer großen Schüssel leicht verquirlen. Hähnchenfleisch, Ricotta, Basilikum, Schnittlauch, Salz und etwas frisch gemahlenen schwarzen Pfeffer zufügen. Gut mischen – eventuell mit den Händen verkneten. Die Menge der Mischung vierteln und jedes Viertel mit feuchten Händen zu einer ca. 25 cm langen Rolle formen.
2 Jede Teigplatte halbieren und die Oberfläche mit Wasser bestreichen. Je eine Rolle Füllung auf das untere Drittel einer Teighälfte legen und aufrollen wie ein Würstchen im Schlafrock. Jede Rolle mit einem scharfen Messer in 6 gleiche Teile schneiden und auf die Backbleche setzen. Leicht mit dem verquirlten Ei bestreichen, Oberfläche 2–3 mal einschneiden. 20–25 Minuten backen, bis die Hähnchen-Ricotta-Häppchen aufgegangen und goldbraun sind. Heiß servieren.
Hinweis: Die Rollen bis zu 6 Stunden im voraus zubereiten und ungebacken im Kühlschrank aufbewahren. Sie können auch im gebackenen Zustand bis zu 1 Monat eingefroren werden. Auftauen und bei 180 °C ca. 10 Minuten backen.

Hinweis: Als Beilage zu diesem Gericht kann man sehr gut frische, selbstgemachte Tomatensauce reichen, vielleicht mit ein paar schwarzen Oliven angereichert. Oder mischen Sie fertig gekauftes Mango-Chutney mit Naturjoghurt nach Geschmack und servieren Sie es als schmackhafte, schnell zubereitete und pikante Sauce.

Gebratene Auberginen

Zubereitungszeit:
30 Min.
Ruhezeit:
30 Min.
Garzeit:
ca. 3 Min. pro Portion
Ergibt ca. 18 Stück

6 kleine Auberginen, in dicken Scheiben
30 g gewürztes Mehl (siehe Hinweis)
3 Eier, verquirlt
150 g altbackene Semmelbrösel
35 g Parmesan, geraspelt
Öl zum Backen

1 Auberginenscheiben auf Servierplatten auslegen. Mit Salz bestreuen. Mindestens 30 Minuten ziehen lassen. Gut abspülen und trockentupfen.
2 Jede Scheibe mit Mehl bestäuben, Überschuß abschütteln. Scheiben in verquirltes Ei tunken (Ei evtl. mit etwas Milch verlängern), in der Mischung aus Semmelbröseln und Parmesan wälzen.
3 Öl in einer tiefen, gußeisernen Pfanne bei mittlerer Hitze erwärmen. Auberginenscheiben in das Öl legen und portionsweise bei mittlerer Hitze goldbraun braten.
4 Mit milder Chilisauce, Sojasauce, Teriyakisauce, Aïoli (siehe Hinweis)

Gebratene Auberginen (oben) und Hähnchen-Ricotta-Häppchen

oder Saucen nach Wahl servieren.
Hinweis: Auberginen in Semmelbröseln wälzen und bis zu 2 Stunden kühl stellen. Kurz vor dem Servieren braten.
Hinweis: Für das gewürzte Mehl mischen Sie einfach gewöhnliches Mehl mit Gewürzen Ihrer Wahl, z. B. Salz und Pfeffer oder Kräutern. Für das Aïoli 2 zerdrückte Knoblauchzehen in eine Schüssel geben. 2 Eigelbe, Salz und Pfeffer zugeben; gut verquirlen. Unter ständigem Rühren nach und nach 250 ml Olivenöl zugeben (erst tropfenweise, dann in einem dünnen Strahl). Etwas Zitronensaft oder Essig zugeben. Aïoli kann auch in der Küchenmaschine zubereitet werden.

Würzige Nüsse

Zubereitungszeit:
10 Min.
Back- und Garzeit:
18 Min.
Ergibt 300 g

2 EL Olivenöl
1/2 TL Kreuzkümmel, gemahlen
1/2 TL Koriander, gemahlen
1/2 TL Knoblauchpulver
1/4 TL Chilipulver
1/4 TL Ingwer, gemahlen
1/4 TL Zimt, gemahlen
300 g gemischte Nüsse, unbehandelt

1 Ofen auf 150 °C vorheizen. Öl in einer gußeisernen Pfanne erhitzen. Kümmel, Koriander, Knoblauch- und Chilipulver, Ingwer und Zimt einrühren. Bei geringer Hitze unter ständigem Rühren kochen.
2 Pfanne vom Herd nehmen. Nüsse zugeben; so lange rühren, bis die Gewürzmischung die Nüsse gut umhüllt.
3 Nüsse auf ein Backblech (32 x 28 cm) streuen und 15 Minuten backen. Nüsse aus dem Ofen nehmen und mit etwas Salz bestreuen; abkühlen lassen.

Hinweis: Nüsse bis zu 1 Tag im voraus zubereiten; luftdicht verschlossen aufbewahren.

Mini-Samosas mit Raita-Dip

Zubereitungszeit:
30 Min.
Garzeit:
45 Min.
Ergibt 40 Stück

Öl zum Fritieren
1 kleine Zwiebel, feingehackt
1 Knoblauchzehe, zerdrückt
1 kleine rote Paprika, geputzt, feingewürfelt
40 g tiefgefrorene Erbsen
1 Karotte, geschält und geraspelt
1 gekochte Kartoffel, feingewürfelt
1 TL mittelscharfes Currypulver
1/2 TL Garam Masala (chinesische Gewürzmischung)
270 g Wan-Tan-Teigblätter

Raita-Dip
1/2 Gurke
200 g Joghurt
1/4 TL Kurkuma
1 EL frisch gehackte Minze

1 Öl in einer Pfanne erhitzen; Zwiebel und Knoblauch einige Minuten dünsten, bis die Zwiebel weich ist. Paprika zugeben, weitere 3 Minuten dünsten. Erbsen, Karotte, Currypulver und Garam Masala zugeben. Vom Herd nehmen; durch Rühren gut vermischen. Mit Salz und Pfeffer abschmecken.
2 Einen gehäuften TL der Gemüsemischung in die Mitte der Wan-Tan-Blätter setzen, Ränder mit Wasser befeuchten und zur halben Größe falten, so daß ein Dreieck entsteht, das die Füllung umhüllt. Ränder durch Andrücken gut verschließen. Samosas portionsweise in heißem Öl 5 Minuten fritieren, bis sie goldbraun sind. Auf Küchenpapier abtropfen lassen. Heiß mit dem Dip servieren.
3 Für den Raita-Dip: Gurke schälen und entkernen. Fleisch fein hacken und mit Joghurt und Kurkuma in eine Schüssel geben. Gut mischen und kalt stellen. Kurz vor dem Servieren die Minze einrühren.
Hinweis: Samosas bis zu 6 Stunden im voraus zubereiten. In Frischhaltefolie gewickelt im Kühlschrank aufbewahren und kurz vor dem Servieren fritieren. Raita-Dip bis zu 1 Tag vor dem Servieren im Kühlschrank aufbewahren.

Von oben: Würzige Nüsse, Mini-Samosas mit Raita-Dip

Die Eier vorsichtig rühren, um die Eigelbe zu zentrieren.

Gekochte Eier pellen und leicht in dem Mehl wälzen.

Schottische Wachteleier

Zubereitungszeit: 30 Min.
Garzeit: 20 Min.
Ergibt 12 Stück

12 Wachteleier
300 g Hähnchenfleisch, gehackt
1 TL frisch geriebener Ingwer
1 TL frisch gehackter Schnittlauch
1 TL Dijon-Senf
30 g Mehl
1 Ei, leicht verquirlt
50 g altbackene Semmelbrösel
Öl zum Fritieren

1 Eier in einen mittelgroßen Topf legen und mit Salzwasser bedecken. Sehr vorsichtig umrühren, bis das Wasser kocht (dadurch werden die Eigelbe zentriert). Wenn das Wasser kocht, Eier 5 Minuten kochen, herausnehmen und in einer Schüssel mit kaltem Wasser abkühlen lassen.
2 Hähnchenfleisch, Ingwer, Schnittlauch und Senf in einer kleinen Schüssel mischen. Eier pellen und im Mehl wälzen.
3 Hähnchenmischung in 12 Portionen aufteilen. Mit feuchten Händen jedes Ei mit 1 Portion umhüllen. Umhüllte Eier mit verquirltem Ei bestreichen und in den Semmelbröseln wälzen; Überschuß abschütteln.
4 Öl in einer tiefen Pfanne erhitzen und umhüllte Eier fritieren, bis sie goldbraun sind; auf Küchenpapier abtropfen lassen. Heiß servieren, entweder ganz oder halbiert.

Schottische Wachteleier

Hinweis: Schottische Wachteleier bis zu 4 Stunden im voraus zubereiten und abgedeckt im Kühlschrank aufbewahren. Kurz vor dem Servieren fritieren und mit frischen Kräutern garnieren. Mit Limonenspalten und Schnittlauch oder anderen Beilagen nach Wahl servieren.

Hinweis: Falls keine Wachteleier erhältlich sein sollten, können Sie für dieses Rezept auch kleine Hühnereier verwenden.

Jedes Ei mit der vorbereiteten Fleischmischung umhüllen.

Umhüllte Eier goldbraun fritieren und auf Küchenpapier abtropfen lassen.

Mini-Quiches

Cremige Füllungen in einem knusprigen Törtchen – große Quiches schmecken köstlich, aber ihre kleinen Schwestern sind einfach unwiderstehlich.

Basisteig

Ofen auf 190 °C vorheizen und 24 tiefe Törtchenformen mit zerlassener Butter oder Öl bestreichen. Aus 3 Platten ausgerolltem Blätterteig 24 Kreise (Durchmesser 8 cm) ausstechen; Förmchen mit dem Teig auskleiden. Törtchen wie angegeben füllen, 20 Minuten goldgelb backen. Quiches können abgekühlt bis zu 2 Monaten tiefgefroren aufbewahrt werden. Erneut auf hohe Temperatur erhitzen.

Räucherlachsfüllung

100 g Rahmkäse, 60 ml Sahne und 2 Eier in einer Küchenmaschine mischen. 125 g Räucherlachs fein hacken und auf die Törtchen verteilen. Mit der Sahnemischung auffüllen.

Brie-Schnittlauch-Füllung

Je 2 EL Milch und Mehl mit 125 g reifem Brie (mit Rinde) in einer Küchenmaschine glattrühren. 2 Eier, 1 zusätzliches Eigelb, 180 ml Sahne, 1 EL gehackten Schnittlauch und Salz und Pfeffer zugeben und alles kurz mischen. In die Quichetörtchen füllen.

Schinkenspeckfüllung

2 TL Öl in einer Pfanne erhitzen und 3 dicke Scheiben feingewürfelten Schinkenspeck und eine feingehackte Zwiebel leicht anbraten, bis sie goldbraun ist; abkühlen lassen. 125 g Milch, 80 ml Sahne und 2 Eier in einem Gießbecher verquirlen. Speckmischung auf die Törtchen verteilen, mit der Eimischung auffüllen. Mit 60 g feingeriebenem Cheddarkäse bestreuen.

Paprikafüllung

2 große rote Paprika halbieren und putzen. Unter dem Backofengrill grillen, bis die Haut Blasen bekommt und schwarz wird; mit einem sauberen Geschirrtuch abdecken und abkühlen lassen. Haut von den Paprika abziehen und Fleisch fein hacken. Auf die Törtchen verteilen und mit 50 g geriebenem Parmesan bestreuen. Je 125 ml Milch und Sahne mit 2 Eiern verquirlen und über die Füllung geben.

Feta-Zwiebel-Füllung

1 EL Öl und 20 g Butter in einer Pfanne erhitzen und 3 in feine Ringe geschnittene Zwiebeln zugeben. Bei geringer Hitze 20 Minuten unter gelegentlichem Umühren dünsten, bis sie sehr weich sind. Temperatur etwas erhöhen und weitere 10 Minuten goldbraun – nicht zu dunkel – dünsten. Vom Herd nehmen und abkühlen lassen; auf die Törtchen verteilen. 125 g zerkrümelten Fetakäse auf die Zwiebeln geben. 2 Eier und 170 ml Sahne verquirlen und über die Füllung geben.

Von links: Räucherlachs-, Brie-Schnittlauch-, Schinkenspeck-, Paprika- und Feta-Zwiebel-Füllung für Quiches

Garnelen mit Mangosauce

Zubereitungszeit:
30 Min.
Garzeit:
keine
Ergibt 20 Stück

20 gekochte, mittelgroße Garnelen
1 große, reife Avocado
Zitronensaft

Mangosauce
1 große, reife Mango, gehackt
125 ml Kokoscreme
1 EL Limonensaft
2 TL frisch gehackte Minze

1 Die Garnelen pellen und säubern, Köpfe und Schwänze entfernen. Die Avocado halbieren, aber nicht schälen. Kern entnehmen und mit einem kleinen Kugelausstecher 20 Bällchen aus dem Fleisch ausstechen. Die Avocadobällchen mit Zitronensaft bestreichen, damit sie nicht braun werden.
2 Je 1 Garnele und 1 Avocadobällchen auf einen Zahnstocher spießen. Spieße auf einem Servierteller anrichten, Mangosauce dazu reichen und servieren.
3 Für die Sauce: Mango, Kokoscreme und Limonensaft in eine Küchenmaschine geben und gut mischen. Gehackte Minze einrühren und mit Salz und frisch gemahlenem schwarzen Pfeffer abschmecken. Eine Weile kühl stellen. Mit frischen Kräuterzweigen garnieren.
Hinweis: Spieße und Sauce bis zu 1 Stunde im voraus zubereiten.

Spinat-Schinken-Omelett

Zubereitungszeit:
20 Min.
Garzeit:
30 Min.
Ergibt 36 Stück

6 Eier
250 ml Milch
190 g Cheddarkäse, geraspelt
40 g frische Semmelbrösel
3 Frühlingszwiebeln, feingehackt
1 EL frisch gehackte Petersilie
300 g Spinat, gekocht, feingehackt
125 g gekochter Schinken, feingewürfelt

1 Backofen auf 180 °C vorheizen. Eine Backform (22 x 22 cm) mit Butter oder Öl einfetten und den Boden mit Aluminiumfolie auslegen.
2 Eier und Milch in einer großen Schüssel verquirlen. Restliche Zutaten zugeben, mit Salz und frisch gemahlenem schwarzen Pfeffer abschmecken. Rühren, bis alle Zutaten gut gemischt sind, und in die Backform geben. 30 Minuten backen, bis die Mischung fest geworden ist.
3 Aus dem Ofen nehmen, völlig abkühlen lassen und auf eine ebene Fläche stürzen. Folie entfernen und in 36 Stücke schneiden. Warm oder bei Zimmertemperatur servieren.
Hinweis: Omelett bis zu 6 Stunden im voraus zubereiten und abgedeckt im Kühlschrank aufbewahren.

Hinweis: Anstelle von Spinat kann je nach Geschmack auch Mangold verwendet werden.

Garnelen mit Mangosauce (oben) und Spinat-Schinken-Omelett

Gorgonzolabeutel mit Zwiebelmarmelade

Zubereitungszeit:
45 Min.
Back- und Garzeit:
1 Std.
Ergibt 30 Stück

Zwiebelmarmelade
1 EL Olivenöl
3 mittelgroße Zwiebeln, in Ringe geschnitten
1 Zweig frischer Thymian
2 EL Rotweinessig
2 EL Honig

150 g Gorgonzolakäse
150 g Rahmkäse
8 Blatt Filoteig
60 g Butter, zerlassen

1 Ofen auf 200 °C vorheizen. 12 flache Pastetchen- oder Mini-Muffinformen einfetten.
2 Für die Zwiebelmarmelade: Öl in einem mittelgroßen, schweren Topf erhitzen. Zwiebeln zugeben, abgedeckt bei geringer Hitze 30 Minuten dünsten, bis sie weich und durchsichtig sind. Thymian und Essig zugeben, zum Kochen bringen und ca. 20 Minuten kochen lassen, bis fast die gesamte Flüssigkeit verdunstet ist. Thymian herausnehmen. Honig einrühren und mit etwas frisch gemahlenem schwarzem Pfeffer würzen. Abkühlen lassen.
3 Die beiden Käsesorten in einer mittelgroßen Schüssel mischen. Ein Blatt Filoteig mit etwas Butter bestreichen. Ein weiteres Blatt darauflegen und mit Butter bestreichen. Die geschichteten Filoteigblätter in 10 x 10 cm große Quadrate schneiden. Vorgang mit den übrigen Teigblättern wiederholen. Je 2 Quadrate aufeinandersetzen, so daß Achtecke entstehen. Je 2 gestrichene TL der Mischung in die Mitte jedes Achtecks geben und den Teig zu einem Säckchen zusammenfalten (siehe Bild); Spitzen mit Butter bestreichen.
4 Mit restlichen Teigblättern und Käsemischung ebenso verfahren. Beutel 12–14 Minuten backen, bis sie braun und knusprig sind. Mit Zwiebelmarmelade servieren.
Hinweis: Die Beutel können bis zu 4 Stunden im voraus zubereitet werden. Bis zum Servieren mit Frischhaltefolie abgedeckt im Kühlschrank aufbewahren.

Spinatdreiecke

Zubereitungszeit:
45 Min.
Back- und Garzeit:
20–25 Min.
Ergibt 36 Stück

2 TL Öl
1 kleine Zwiebel, feingehackt
6 große Mangoldblätter
60 g geriebener Cheddar
140 g Fetakäse, zerkrümelt
1 Ei, leicht verquirlt
4 Blatt Tiefkühlblätterteig, ausgerollt
1 Ei, leicht verquirlt, zusätzlich

1 Ofen auf 210 °C vorheizen. 2 Backbleche mit zerlassener Butter oder Öl einfetten. Öl in einer großen, gußeisernen Pfanne erhitzen. Zwiebel zugeben und bei mittlerer Hitze 3 Minuten dünsten, bis sie weich ist. Zwiebel in eine große Schüssel geben. Mangoldblätter waschen; in Stücke zupfen. In die Pfanne geben und mit Deckel 30 Sekunden erhitzen, bis sie weich sind. Diesen Vorgang in 2 Portionen durchführen, dabei die Pfanne rütteln und die Blätter mit einer Zange anheben, damit sie nicht anbrennen. Abkühlen lassen.

Spinatdreiecke (oben) und Gorgonzolabeutel mit Zwiebelmarmelade

2 Blätter mit den Händen fest drücken, um möglichst viel Flüssigkeit auszupressen. Kleinhacken und zu den Zwiebeln geben. Käse zugeben und mischen.
3 Jedes Teigblatt in 9 Stücke schneiden. Mangoldmischung gleichmäßig auf den Stücken verteilen; Ränder mit Ei bestreichen. Teigstücke zu Dreiecken falten und auf die Backbleche setzen. 15–20 Minuten backen, bis sie goldbraun sind.

Hinweis: Dreiecke bis zu 4 Stunden im voraus zubereiten. In einer Schicht auf Tabletts anrichten, mit Frischhaltefolie abdecken und kühl stellen. Kurz vor dem Verzehr backen und heiß servieren.

Oliven, Mandeln, Parmesan, Basilikum, Öl und Gewürze in eine Küchenmaschine geben.

Beide Enden des bestrichenen Teiges so einschlagen, daß sie sich in der Mitte treffen.

Oliven-Mandel-Palmherzen

Zubereitungszeit:
30 Min.
Garzeit:
20 Min.
Ergibt 24 Stück

75 g schwarze Oliven, entsteint und gehackt
95 g Mandeln, gemahlen
25 g geriebener Parmesan
2 EL frisch gehacktes Basilikum
3 EL Olivenöl
1/4 TL Salz
1/2 TL zerstoßener schwarzer Pfeffer
2 TL körniger Senf
2 Blatt Tiefkühlblätterteig, ausgerollt
60 ml Milch

1 Ofen auf 180 °C vorheizen. 2 Backbleche mit Backpapier belegen. Oliven, Mandeln, Parmesan, Basilikum, Öl, Salz, Pfeffer und Senf in einer Küchenmaschine mischen, bis eine Paste entsteht.
2 1 Blätterteigplatte gleichmäßig mit der Hälfte der Paste bestreichen. 2 sich gegenüberliegende Seiten einschlagen, so daß sie in der Mitte zusammentreffen.
3 Noch einmal auf die gleiche Weise einschlagen. Teig mit Milch bestreichen. Mit der zweiten Teigplatte und der restlichen Paste ebenso verfahren.
4 In 1,5 cm dicke Scheiben schneiden. Scheiben zu einem »V« formen, so daß die Seiten leicht gewölbt sind. Auf die Backbleche legen und 15–20 Minuten backen, bis sie aufgegangen und goldbraun sind. Warm oder bei Zimmertemperatur servieren.
Hinweis: Die Palmherzen können bis zu 6 Stunden im voraus zubereitet und luftdicht verschlossen aufbewahrt werden. Bei Zimmertemperatur oder bei mittlerer Hitze aufgewärmt servieren.

Hinweis: Sie können auch fertige Olivenpaste verwenden. Sie ist in mehreren Variationen in Delikatessengeschäften und Supermärkten erhältlich.

Oliven-Mandel-Palmherzen

Die Seiten des Teiges ein zweites Mal zur Mitte einschlagen.

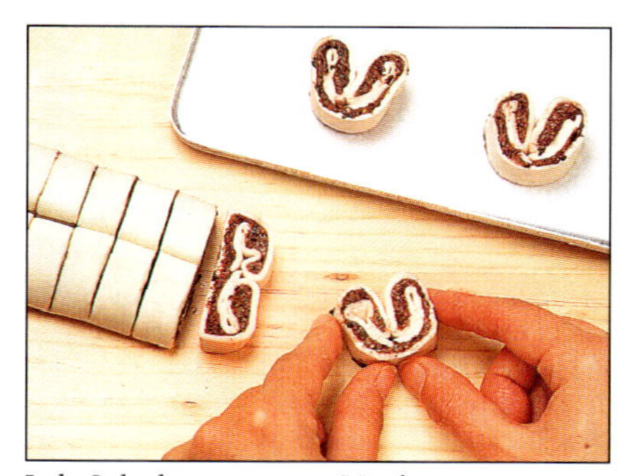

Jede Scheibe zu einem »V« formen, so daß die Seiten leicht gewölbt sind.

Aromatische Parmesan-Kräuter-Kartoffelspalten

Zubereitungszeit:
30 Min.
Garzeit:
45 Min.
Ergibt 18–24 Stück

750 g große Kartoffeln, ungeschält
30 g Butter, zerlassen
2 EL Olivenöl
1 Knoblauchzehe, zerdrückt
1 EL frisch gehackter Oregano
1 EL frisch gehackter Rosmarin
Chilipulver nach Geschmack
50 g frisch geriebener Parmesan

1 Ofen auf 180 °C vorheizen. Jede Kartoffel in 6 oder 8 Spalten schneiden. Butter in einer Pfanne zerlassen und vom Herd nehmen. Öl, Knoblauch, Oregano, Rosmarin, Chilipulver und etwas frisch gemahlenen schwarzen Pfeffer einrühren. Kartoffeln zugeben und wenden, bis sie völlig mit der Mischung bedeckt sind.
2 Kartoffeln in einer einzelnen Schicht auf ein Backblech legen und 30 Minuten backen. Umdrehen, mit Parmesan bestreuen und weitere 10–15 Minuten backen. Sofort servieren.
Hinweis: Erst kurz vor dem Servieren zubereiten.

Mini-Thai-Hackbällchen

Zubereitungszeit:
30 Min.
Garzeit:
20 Min.
Ergibt 30 Stück

500 g Schweinegehacktes (nicht zu mager)
1 Ei, leicht verquirlt
40 g frische Semmelbrösel
2 Frühlingszwiebeln, in dünne Ringe geschnitten
3 EL Wasserkastanien aus der Dose, gehackt
2 EL frisch gehackte Minze
2 EL frisch gehackter Koriander
2 EL frisch geraspelter Ingwer
1/2 TL feingeriebene Limonenschale
1 EL Fischsauce
2 TL milde Chilisauce
60 ml milde Chilisauce, zusätzlich
2 mittelgroße Salatgurken, gekühlt
80 g Karotten, feingegeraspelt

1 Ofen auf 210 °C vorheizen. Hackfleisch mit Ei, Semmelbröseln, Frühlingszwiebeln, Wasserkastanien, Minze, Koriander, Ingwer, Limonenschale, Fisch- und Chilisauce in eine große Schüssel geben und gut mischen.
2 Mit feuchten Händen je 1 gehäuften TL der Masse zu einem Bällchen formen und leicht platt drücken. Bällchen auf ein leicht geöltes Backblech setzen und ca. 20 Minuten backen.
3 Warme Bällchen mit der zusätzlichen Chilisauce bestreichen. Gurken in 5 mm dicke Scheiben schneiden; auf einem Servierteller arrangieren. Bällchen auf die Gurkenscheiben setzen und mit Karotten belegen. Nach Wunsch mit Chilischeiben garnieren.
Hinweis: Bällchen bis zu 6 Stunden im voraus zubereiten und abgedeckt im Kühlschrank aufbewahren. Erst kurz vor dem Servieren backen und anrichten.

Mini-Thai-Hackbällchen (oben) und Aromatische Parmesan-Kräuter-Kartoffelspalten

Hähnchen-Walnuß-Sandwiches mit Rucola

Zubereitungszeit:
30 Min.
Kühlzeit:
1 Std.
Garzeit:
30 Min.
Ergibt ca. 30 Stück

250 g Hähnchenbrustfilets
500 g Hähnchenschenkelfilets
Olivenöl
375 g hochwertige Mayonnaise
70 g Sellerie, feingehackt
40 g Walnüsse, gehackt
125 g weiche Butter
1 Vollkornbrot
155 g Rucola

1 Ofen auf 210 °C vorheizen. Ein Backblech mit Öl einfetten und Hähnchenbrustfilets darauf legen. Filets mit Öl bestreichen, mit Alufolie bedecken, 12 Minuten backen. Schenkelfilets mit Öl bestreichen, dazu legen, bedecken und weitere 15 Minuten backen, bis alle Hähnchenteile gar sind. Aus dem Ofen nehmen und vollständig abkühlen lassen.
2 Hähnchenschenkel zerkleinern und mit Mayonnaise, Sellerie und Walnüssen in eine Schüssel geben, mit Salz und frisch gemahlenem Pfeffer abschmecken und gut mischen.
3 Brot mit Butter bestreichen und die Hähnchenmischung gleichmäßig auf die Hälfte der Scheiben verteilen. Mit den Rucolablättern und dann mit den übrigen Brotscheiben belegen. Sandwiches behutsam, aber fest zusammendrücken. Jedes Sandwich in Frischhaltefolie wickeln und mindestens 1 Stunde in den Kühlschrank stellen.
4 Mit einem elektrischen oder gezahnten Messer Rinde von den Scheiben abschneiden. Jede in 3 Streifen schneiden. Die Streifen können noch einmal halbiert werden.
Hinweis: Die Sandwiches bis zu 4 Stunden im voraus zubereiten und bis zum Servieren im Kühlschrank aufbewahren.

Räucherforellen-Pastete (oben) und Hähnchen-Walnuß-Sandwiches mit Rucola

Räucherforellen-Pastete

Zubereitungszeit:
10 Min.
Kühlzeit:
1 Std.
Garzeit:
keine
Ergibt 1 Dessertschüssel

1 kleine geräucherte Forelle
60 g weiche Butter
250 g fettarmer Rahmkäse
2–3 EL Zitronensaft

1 Forelle häuten und Gräten entfernen. Fleisch in eine Küchenmaschine geben.
2 Butter und Rahmkäse zugeben und mischen, bis eine glatte Masse entsteht. Mit Zitronensaft abschmecken und noch einmal kurz mischen. Pastete in eine Servierschüssel geben und mindestens 1 Stunde in den Kühlschrank stellen.
3 Nach Wunsch mit Zwiebelringen, Kapern, Dill und Limonenscheiben oder Dekoration nach Wahl garnieren. Mit Kräckern oder Gemüse-Rohkost servieren.
Hinweis: Pastete bis zu 1 Tag im voraus zubereiten und mit Frischhaltefolie abgedeckt im Kühlschrank aufbewahren.

Garnelen mit Zitronen-Sandwiches

Zubereitungszeit:
20 Min.
Garzeit:
keine
Für 4 Personen

1 kg Riesengarnelen, gekocht

Zitronen-Sandwiches
160 g weiche Butter
1 Mehrkornbrot, in Scheiben geschnitten
3 dünnschalige unbehandelte Zitronen

1 Garneln schälen, dabei die Schwänze intakt lassen; auf einem Teller arrangieren und mit Zitronen-Sandwiches servieren.
2 Für die Sandwiches: Brotscheiben gut mit Butter bestreichen. Zitronen waschen und abtrocknen, in sehr feine Scheiben schneiden. Die Hälfte der Brotscheiben mit Zitronenscheiben belegen. Darauf die andere Hälfte der Brotscheiben schichten. Fest zusammendrücken. Jedes Sandwich in 8 Dreiecke schneiden, Rinde entfernen.
Hinweis: Garnelen bis zu 4 Stunden im voraus und mit Frischhaltefolie abgedeckt im Kühlschrank aufbewahren. Sandwiches höchstens
30 Minuten vor dem Servieren zubereiten und mit Frischhaltefolie abdecken.

Hinweis: Für dieses Rezept eignen sich am besten Zitronen mit einem nicht zu ausgeprägten Aroma.

Kräuter-Muschel-Törtchen

Zubereitungszeit:
30 Min.
Back- und Garzeit:
15 Min.
Ergibt 12 Stück

Füllung
1 kg frische Miesmuscheln
500 ml Wasser
45 g weiche Butter
1 Knoblauchzehe, zerdrückt
1 EL Schnittlauch, gehackt
1 EL Petersilie, gehackt

12 Scheiben Weißbrot
30 g Butter, zerlassen

1 Für die Füllung: Muscheln gut säubern und entbarten. In einen Topf mit Wasser geben; Deckel auflegen und kochen, bis sich die Muscheln öffnen. Nicht zerkochen, alle noch geschlossenen Muscheln wegwerfen. Muscheln sofort mit kaltem Wasser bedecken und das Fleisch aus den Schalen lösen (wenn die Muscheln sehr groß sind, halbieren). Mit Küchenpapier trockentupfen. Butter glattrühren. Knoblauch, Schnittlauch und Petersilie zugeben; mit Salz und frisch gemahlenem schwarzen Pfeffer würzen.
2 Ofen auf 180 °C vorheizen. Brotscheiben mit einem Nudelholz flach drücken und aus jeder Scheibe einen Kreis (Durchmesser 8 cm) ausstechen. Dazu eine Form oder einfach ein Glas benutzen. Brotkreise von beiden Seiten mit Butter bestreichen und Pastetenförmchen damit auslegen. 8 Minuten backen, bis sie leicht gebräunt sind.
3 Muscheln gleichmäßig auf die heißen Brotscheiben verteilen; die Kräuterbutter sorgfältig darüber streichen. Weitere 5 Minuten backen. Sofort servieren.
Hinweis: Brot bis zu 6 Stunden im voraus backen und luftdicht verschließen. Muscheln bis zu 2 Stunden im voraus kochen, abdecken und im Kühlschrank aufbewahren. Kurz vor dem Servieren anrichten und backen.

Garnelen mit Zitronen-Sandwiches (oben) und Kräuter-Muschel-Törtchen

Gegrillte Knoblauchgarnelen

Zubereitungszeit:
20 Min.
Kühlzeit:
2 Std.
Garzeit:
5 Min.
Für 10 Personen

1 kg rohe Riesengarnelen

Marinade
60 ml Zitronensaft
2 EL Sesamöl
2 Knoblauchzehen, zerdrückt
2 TL frisch geriebener Ingwer

1 Köpfe von den Garnelen abtrennen. Pellen und säubern, Schwänze intakt lassen.
2 Für die Marinade: Saft, Öl, Knoblauch und Ingwer in einer Schüssel gut mischen.
3 Garnelen in eine Schüssel legen, Marinade zugeben und gut mischen. Abdecken und mindestens 2 Stunden in den Kühlschrank stellen.
4 Garnelen auf einem leicht eingefetteten, heißen Grillrost im Backofen oder auf einem Grill 3–5 Minuten garen, bis sie hellrot und gar sind, dabei gelegentlich mit der Marinade bestreichen. Nach Wunsch mit Limonenspalten und Kräuterzweigen garnieren und heiß servieren.
Hinweis: Die Garnelen können bis zu 6 Stunden im voraus mariniert werden. Abgedeckt im Kühlschrank aufbewahren. Garnelen innerhalb von 24 Stunden nach dem Kauf grillen und verzehren.

Rumpsteakspieße mit Erdnuß-Dip

Zubereitungszeit:
40 Min.
Kühlzeit:
1 Nacht
Garzeit:
15 Min.
Ergibt 30 Spieße

750 g Rumpsteak
80 ml Sojasauce
2 EL Öl
2 Knoblauchzehen, zerdrückt
1 TL geriebener Ingwer

Erdnuß-Dip
250 ml Ananassaft
250 g Erdnußbutter
1/2 TL Knoblauchpulver
1/2 TL Zwiebelpulver
2 EL milde Chilisauce
60 ml Sojasauce

Gegrillte Knoblauchgarnelen und Rumpsteakspieße mit Erdnuß-Dip

1 30 Holzspieße in kaltem Wasser einweichen. Rumpsteak von überschüssigem Fett und Sehnen befreien, in gleichmäßige, lange, dünne Streifen schneiden. Streifen umgeschlagen auf die Spieße stecken, Spieße auf einen nichtmetallenen Teller legen.
2 Sojasauce, Öl, Knoblauch und Ingwer in einem kleinen Gießbecher mischen und über die Spieße geben. Mit Frischhaltefolie abgedeckt mehrere Stunden oder über Nacht in den Kühlschrank stellen, gelegentlich wenden. Spieße auf einem leicht eingefetteten Grillrost im Backofen oder auf einem Grill 8–10 Minuten garen, bis das Fleisch zart ist, dabei gelegentlich wenden. Mit Erdnuß-Dip servieren.
3 Für den Erdnuß-Dip: Saft, Erdnußbutter, Knoblauch- und Zwiebelpulver und Saucen in einem kleinen Topf bei mittlerer Hitze unter Rühren 5 Minuten vermischen. Warm servieren.
Hinweis: Spieße kurz vor dem Servieren grillen. Sauce kann bis zu 1 Tag im voraus zubereitet werden – wenn sie zu dick wird, etwas warmes Wasser zugeben.

Räucherhähnchenbeutel

Zubereitungszeit:
45 Min.
Garzeit:
30 Min.
Ergibt ca. 20 Stück

7 Eiweiß
60 ml Wasser
1 EL Stärke
20 g Butter

Füllung
8–10 dicke Schnittlauchhalme
30 g Butter
4 Frühlingszwiebeln, feingehackt
1 kleine Dose (200 g) chinesische Strohpilze, abgetropft und gehackt
175 g geräucherte Hähnchenbrust, feingehackt
2 EL Crème double
1 EL frisch gehackter Schnittlauch
Öl zum Fritieren

1 Eiweiß, Wasser und Stärke in einer Schüssel verrühren, bis alles gut vermischt ist. Ein wenig Butter in einer beschichteten Pfanne erhitzen. Etwa 1 EL der Eiweißmischung zugeben und einen kleinen Pfannkuchen von 20 cm Durchmesser formen. Backen, bis er fest und an der Unterseite leicht braun ist; umdrehen und die andere Seite bräunen. Vorgang mit der restlichen Mischung wiederholen; Mischung regelmäßig rühren, damit sie einheitlich bleibt.

2 Für die Füllung: Schnittlauchhalme mit kochendem Wasser bedecken, 1–2 Minuten ziehen lassen, bis sie schlaff werden, abtropfen lassen, unter kaltem Wasser abspülen, beiseite stellen.

3 Butter in einer mittelgroßen Pfanne erhitzen, Zwiebeln, Pilze und Hähnchen zugeben und gut mischen. Crème double zugeben und 3 Minuten köcheln lassen, bis die Mischung eindickt. Vom Herd nehmen, Schnittlauch einrühren und mit frisch gemahlenem schwarzem Pfeffer würzen.

4 Füllung gleichmäßig auf die Mitte der Pfannkuchen verteilen. Ränder hochziehen und zu einem Säckchen zusammenfalten; vorsichtig mit den Schnittlauchhalmen zubinden. Mit einer Schere zurecht schneiden. In heißem Öl fritieren, bis sie braun und knusprig sind, auf Küchenpapier abtropfen lassen; servieren.

Hinweis: Bis zu 4 Stunden im voraus zubereiten und in Frischhaltefolie gewickelt im Kühlschrank aufbewahren. Erst kurz vor dem Servieren fritieren.

Räucherhähnchenbeutel

Pfannkuchen mit einem Pfannenheber wenden, um die andere Seite zu bräunen.

Schnittlauch mit kochendem Wasser übergießen und 1–2 Minuten ziehen lassen.

Crème double in die Pfanne geben und die Mischung kochen, bis sie eindickt.

Ränder der Pfannkuchen nach oben drücken und einen Beutel formen.

Pikantes Popcorn mit Nüssen

Zubereitungszeit:
15 Min.
Garzeit:
ca. 5 Min.
Für 4 Personen

100 g-Fertigpackung Popcorn mit Buttergeschmack
2 EL Olivenöl
125 g Mandeln, blanchiert
125 g Cashewkerne, geröstet, ungesalzen
2 EL Sesamkörner
1 EL Kreuzkümmelsamen
1 EL Koriandersamen
1 TL getrocknete Chiliblätter
1 EL Paprikapulver
100 g geriebener Parmesan

1 Popcorn wie angegeben zubereiten und auf 2 Schüsseln verteilen. Öl in einer mittelgroßen Pfanne erhitzen, Mandeln zugeben und bei mäßiger Hitze erwärmen, bis sie angeröstet sind. Cashewkerne, Gewürzkörner und -samen, Chiliblätter und Paprikapulver zugeben und ca. 1 Minute erhitzen, bis die Nüsse ganz mit der Gewürzmischung bedeckt sind.
2 Vom Herd nehmen, Käse zugeben und über das Popcorn streuen. Vor dem Servieren abkühlen lassen.

Hinweis: Dieses Gericht kann bis zu 1 Stunde im voraus zubereitet werden.

Chorizo-Paprika-Häppchen

Zubereitungszeit:
30 Min.
Garzeit:
18 Min.
Ergibt 24 Stück

1 große rote Paprika
30 g Butter
1 Zwiebel, feingehackt
200 g (ca. 2) Chorizo-Würstchen, kleingeschnitten
300 g Wurstbrät
1 EL getrocknete italienische Kräuter
2 Platten Tiefkühlblätterteig, ausgerollt
1 Eigelb, leicht verquirlt
2 TL Fenchelsamen

1 Backofengrill auf 200 °C vorheizen. Paprika halbieren und putzen. Mit der Außenseite nach unten auf einem Rost grillen, bis die Haut schwarz wird. In einem verschlossenen Gerfrierbeutel abkühlen lassen. Haut abziehen und Paprikafleisch würfeln.
2 Butter in einer mittelgroßen Pfanne erhitzen, Zwiebel und Chorizo zugeben und unter Rühren 3 Minuten garen, bis die Zwiebel weich ist. Mit einem Schöpflöffel aus der Pfanne nehmen. Gewürfelte Paprka, Zwiebelmischung, Wurstbrät und Kräuter in einer Schüssel vermengen; in 4 gleiche Portionen teilen. Jede Portion auf gleiche Länge mit dem Blätterteig rollen.
3 Blätterteigplatten halbieren, so daß 4 längliche Rechtecke entstehen. Je 1 Portion der Wurstmischung 3 cm vom Rand auf ein Teigblatt legen. Rand mit Ei bestreichen; aufrollen, so daß die Füllung umhüllt wird, und durch Andrücken gut verschließen. Mit der Verschlußseite nach unten auf ein leicht eingefettetes Backblech legen, mit Ei bestreichen und mit Fenchelsamen bestreuen; Rollen in 2 cm lange Häppchen schneiden – es ist nicht nötig, die Stücke voneinander zu trennen. 12–15 Minuten knusprig und goldbraun backen.
Hinweis: Das Gericht bis zu 6 Stunden im voraus zubereiten und abgedeckt im Kühlschrank aufbewahren. Bei mittlerer Hitze sachte wieder erwärmen.

Pikantes Popcorn mit Nüssen (oben) und Chorizo-Paprika-Häppchen

Auberginen-Piroshki

Zubereitungszeit:
40 Min.
Ruhezeit:
1 Std. 20 Min.
Back- und Garzeit:
12 Min.
Ergibt 40 Stück

Teig
60 g frische Hefe
2 EL Zucker
315 ml warme Milch
375 g Mehl
1 TL Salz
125 g Butter, zerlassen

Füllung
1 mittelgroße Aubergine
60 g Butter
2 mittelgroße Zwiebeln, feingewürfelt
1 Knoblauchzehe, zerdrückt
2 TL Tomatenmark
1 Ei, verquirlt
3 TL Sesamkörner

1 Für den Teig: Hefe und Zucker in einer Schüssel mischen, dann die Milch einrühren. Mehl und Salz in einer großen Schüssel mischen, in die Mitte eine Mulde drücken. Hefemischung und zerlassene Butter in die Mulde geben. Von der Mitte her alle Zutaten verrühren, bis der Teig glatt ist. In eine leicht geölte Schüssel legen und abgedeckt an einem warmen Ort 40–60 Minuten gehen lassen, bis der Teig doppelt so viel Volumen hat.

2 Für die Füllung: Aubergine in dünne Scheiben schneiden, die Oberfläche mit einer Gabel mehrmals einstechen und gut mit Salz bestreuen. Innenseite eines Siebes mit den Scheiben auskleiden und 30 Minuten zum Abtropfen stehen lassen. Dann das Salz unter fließendem Wasser gut abspülen; mit Küchenpapier trockentupfen und fein hacken. Butter in einer Pfanne erhitzen und Zwiebel und Knoblauch bei mittlerer Hitze dünsten, bis sie weich sind. Aubergine und Tomatenmark zugeben; mit Salz und Pfeffer abschmecken. Braten, bis die Aubergine weich und gar ist. Vom Herd nehmen und abkühlen lassen.

3 Ofen auf 180 °C vorheizen. Backblech mit zerlassener Butter oder Öl einfetten. Den Teig leicht durchkneten (er sollte von weicher, aber nicht klebriger Konsistenz sein) und in 40 Portionen teilen. Eine Portion nach der anderen zu einer Scheibe formen, 1 gestrichenen TL der Mischung in die Mitte setzen. Teigscheibe umschlagen, so daß die Füllung umschlossen wird. Ränder gut zusammendrücken. Gebäck mit der Verschlußseite nach unten auf das vorbereitete Blech legen. An einem warmen Ort weitere 20 Minuten gehen lassen. Piroshki mit verquirltem Ei bestreichen und mit Sesamkörnern bestreuen. 10–12 Minuten goldbraun backen.

Hinweis: Piroshki können bis zu 6 Stunden im voraus zubereitet und abgedeckt im Kühlschrank aufbewahrt werden. Vor dem Servieren Zimmertemperatur annehmen lassen oder bei 180 °C erneut erhitzen.

Auberginen-Piroshki

Hinweis: Wenn Sie keine frische Hefe bekommen, können Sie auch Trockenhefe verwenden – 15 g frische Hefe entspricht 7 g Trockenhefe. Trockenhefe ist normalerweise in Tütchen zu 7 g erhältlich, für dieses Rezept brauchen Sie also 4 Tütchen.

Antipasti

Es ist wirklich einfach, eine Antipastiplatte zusammenzustellen. Es sieht toll aus, und die Begeisterung Ihrer Gäste ist Ihnen sicher. Hier sind einige Rezepte für leckere, hausgemachte Antipasti zusammengestellt – servieren Sie sie mit frischem Gemüse und kalten Fleischgerichten Ihrer Wahl und mit frischem italienischem Weißbrot.

Gerösteter Knoblauch

Ofen auf 150 °C vorheizen. Äußere Haut von 4 großen, ganzen Knoblauchknollen entfernen; letzte Hautschicht nicht abziehen, damit die Zehen nicht auseinanderfallen. Knollen mit 2 TL Salz in einen Topf geben, mit Wasser bedecken, zum Kochen bringen, 4 Minuten köcheln lassen. Herausnehmen und abtropfen lassen, 60 ml der Flüssigkeit abmessen. Knoblauch auf einen feuerfesten Teller legen, mit 3 EL Öl beträufeln. Ca. 50 Minuten backen, bis der Knoblauch weich und innen pastenähnlich wird. Dabei gelegentlich mit den abgemessenen 60 ml Flüssigkeit übergießen, ein letztes Mal kurz vor dem Servieren. Warme Knoblauchzehen voneinander trennen und auf einem Teller anrichten. Zum Essen den Knoblauch auf Toast oder dicken Scheiben Ihres knusprigsten Lieblingsbrotes zerdrücken. Knoblauch bis zu 4 Stunden vor dem Servieren zubereiten.

Fetakäse in Honigmarinade

1 EL Honig, 1 große, in 5 Scheiben geschnittene Knoblauchzehe, 125 ml natives Olivenöl, 1 EL frische Thymianblätter, 2 Lorbeerblätter (wenn möglich, frisch), 1 EL geriebene Zitronenschale und 1 EL Zitronensaft in einer großen Schüssel gut mischen. 500 g Fetakäse in 1 x 1 cm große Würfel schneiden und mit 12 Kalamata-Oliven zur Ölmischung geben. Mit frisch zerstoßenem schwarzem Pfeffer abschmecken. Abdecken und 2–3 Stunden kühl stellen, dabei gelegentlich umrühren. Lorbeerblätter entnehmen; Fetakäse auf einen Teller geben und als Belag auf knusprigem Brot genießen.

Hinweis: Fetakäse sollten Sie vor dem Zubereiten probieren. Wenn er sehr salzig ist, spülen Sie ihn gut mit kaltem Wasser ab, lassen ihn abtropfen und tupfen ihn mit Küchenpapier trocken.

Eingelegte Champignons

500 g kleine Champignons säubern und put-

zen; in eine große Schüssel geben. Je 125 ml Olivenöl und Weißweinessig mit 3 zerdrückten Knoblauchzehen, 1 EL frischen Rosmarinblättern und 1 EL feinem Zucker vermengen. Nach Wunsch 1–2 TL gehackte Chilischoten zugeben.
Mit Salz und Pfeffer abschmecken; Mischung über die Champignons geben und gut mischen. Abdecken und zwischen 1 Stunde und 2 Tagen kühl stellen, gelegentlich umrühren. Bei Zimmertemperatur servieren.

Gebackene Oliven

Ofen auf 180 °C vorheizen. Die abgeriebene Schale von 2 Zitronen auf einen feuerfesten Teller legen. 250 g Oliven (Sorte egal), 220 ml Rotwein, 2 feingewürfelte Knoblauchzehen, 2 Lorbeerblätter, 4 in feine Scheiben geschnittene, sonnengetrocknete Tomaten, 2 Zweige frischen Thymian und 1/2 TL frisch gemahlenen schwarzen Pfeffer zugeben. Umrühren, abdecken und 20 Minuten backen. Warm oder bei Zimmertemperatur servieren. Bis zu 4 Stunden im voraus zubereiten.

Im Uhrzeigersinn von links außen: Gerösteter Knoblauch, Gebackene Oliven, Eingelegte Champignons und Fetakäse in Honigmarinade

Garnelen-Bambussprossen-Wan-Tans

Zubereitungszeit:
30 Min.
Garzeit:
20 Min.
Ergibt 30 Stück

1 EL Öl
2 EL Sesamöl
4 Frühlingszwiebeln, feingehackt
1 Knoblauchzehe, zerdrückt
1 TL frisch geriebener Ingwer
500 g gekochte Garnelen, gepellt, gesäubert und gehackt
1 kleine Dose (220 g) Bambussprossen, abgetropft und gehackt
1 EL milde Sojasauce
1 EL Austernsauce
30 Wan-Tan-Teigblätter
Öl zum Fritieren
milde Chilisauce, als Beilage

1 Öl in einem Wok oder mittelgroßen Topf erhitzen; Zwiebeln, Knoblauch und Ingwer zugeben und 1 Minute unter Rühren dünsten. Garnelen, Bambussprossen und Saucen zugeben und gut verrühren. Vom Herd nehmen und abkühlen lassen.
2 2 gestrichene TL der Garnelenmischung in die Mitte jedes Wan-Tan-Blattes setzen, Ränder mit Wasser bestreichen, nach oben drücken und zu einem Säckchen falten. Ränder gut zusammendrücken.
3 Wan-Tans in heißem Öl fritieren, bis sie knusprig gebräunt sind, dann auf Küchenpapier abtropfen lassen. Sofort mit milder Chilisauce servieren.
Hinweis: Wan-Tans bis zu 3 Stunden im voraus zusammenstellen, in nur einer Schicht (so daß sie sich nicht berühren) im Kühlschrank aufbewahren.

Meeresfrüchte mit Pommes Frites

Zubereitungszeit:
40 Min.
Ruhezeit:
30 Min.
Garzeit:
2–3 Min. pro Portion
Für 4–6 Personen

Paniermischung
60 g Mehl
1 Eigelb
170 ml Milch

4 alte, große Kartoffeln
2 Fischfilets (Weißfisch/Leng), gehäutet, entgrätet
6 Riesengarnelen, gepellt und gesäubert
6 Kammuscheln
Öl zum Fritieren
2 Zitronen, in Spalten
125 ml Chilisauce

1 Für die Paniermischung: Mehl und 1 Prise Salz in eine Schüssel sieben, Eigelb und Milch zugeben und kurz verrühren. Abdecken und 30 Minuten ruhen lassen.
2 Kartoffeln schälen und in Stäbchen schneiden. 30 Minuten in kaltem Wasser einweichen, abtropfen lassen und trockentupfen. Fischfilets in dünne Streifen von 5 cm Länge schneiden. Meeresfrüchte in die Paniermischung tunken; portionsweise in heißem Öl fritieren. Auf Küchenpapier abtropfen lassen; im Ofen warm stellen, während die Pommes Frites zubereitet werden.
3 Pommes Frites goldbraun fritieren. Auf Küchenpapier abtropfen lassen. Meeresfrüchte und Pommes Frites mit etwas Salz bestreuen, auf einem Servierteller anrichten und mit Zitronenspalten und Chilisauce servieren.
Hinweis: Fisch bis zu 4 Stunden im voraus klein schneiden. Paniermischung und Kartoffelstäbchen frühestens 30 Minuten im voraus vorbereiten. Kurz vor dem Servieren fritieren.

Meeresfrüchte mit Pommes Frites (oben) und Garnelen-Bambussprossen-Wan-Tans

Hähnchen-Quesadillas mit Tomatensalsa

Zubereitungszeit:
30 Min.
Garzeit:
15 Min.
Ergibt ca. 40 Stück

30 g Butter
75 g frische Shiitake-Pilze
1 kleine rote Zwiebel, in dünne Ringe geschnitten
4 große Mehltortillas
200 g gekochtes Hähnchen, gehackt
60 g Stiltonkäse, zerkrümelt
25 g frische Korianderblätter
1 EL Öl
2 Avocados
Zitronensaft
125 ml Crème fraîche, als Beilage
Chili- oder Paprikapulver

Tomatensalsa
1 kleine Zwiebel, feingehackt
2 mittelgroße Tomaten, grobgehackt
3 Frühlingszwiebeln, gehackt
2 Knoblauchzehen, feingehackt
1 mittelgroße rote Chilischote, entkernt, feingehackt
2 EL Limonensaft

1 Butter in einer kleinen Pfanne erhitzen, Pilze und Zwiebeln zugeben, unter Rühren erhitzen, bis sie weich sind. Eine Tortilla auf einer ebenen Fläche ausbreiten, mit je einer Hälfte des Hähnchens, der Pilz-Zwiebelmischung, des Stilton und der Korianderblätter belegen. Mit einer zweiten Tortilla bedecken und behutsam, aber fest zusammendrücken.

2 Ein wenig Öl in einer beschichteten Pfanne, die groß genug für die ganze Tortilla ist, erhitzen; Tortilla hineinlegen und erhitzen, bis die Unterseite braun wird. Vorsichtig auf einen Teller gleiten lassen, dann in die Pfanne zurückgeben und die andere Seite bräunen. Vorgang mit übrigen Tortillas und Füllung wiederholen.

3 Gebackene Quesadillas auf ein Küchenbrett legen und mit einem sehr scharfen Messer vorsichtig in kleine Spalten schneiden. Heiß mit Tomatensalsa und Avocadoscheiben servieren (Avocadoscheiben mit reichlich Zitronensaft bestreichen, damit sie nicht braun werden). Dazu mit Chili- oder Paprikapulver bestreute Crème fraîche reichen.

4 Für die Tomatensalsa: Zwiebel, Tomaten, Frühlingszwiebeln, Knoblauch, Chilischote und Limonensaft in einer kleinen Schüssel mischen; mit Salz und frisch gemahlenem schwarzem Pfeffer abschmecken. Bis zum Servieren abdecken und kalt stellen.

Hinweis: Tomatensalsa bis zu 1 Tag im voraus zubereiten, abdecken und kühl lagern. Quesadillas erst kurz vor dem Servieren zubereiten.

Hinweis: Quesadillas sind in Mexiko weit verbreitet, wo sie mit verschiedenen Mischungen gefüllt werden. Probieren Sie mit einer Mischung aus Kidney-Bohnen und Käse eine original mexikanische Füllung.

Im Uhrzeigersinn von oben links: Tomatensalsa, Crème fraîche und Hähnchen-Quesadillas

Mini-Bataten-Rösti

Zubereitungszeit:
30 Min.
Garzeit:
6 Min. pro Portion
Ergibt 30 Stück

3 mittelgroße Bataten (Süßkartoffeln)
1/2 TL Salz
2 TL Stärke, gesiebt
40 g Butter
150 g Mozzarella, in 30 Würfeln

1 Bataten schälen und kochen oder in der Mikrowelle erhitzen, bis sie fast gar, aber noch fest sind. Abkühlen lassen, grob in eine Schüssel raspeln. Salz und Stärke zugeben und etwas mischen.
2 Ein wenig Butter in einer Pfanne erhitzen. Eine teelöffelgroße Menge der Batatenmischung in die Pfanne geben und einen Käsewürfel in die Mitte setzen. Mit einem weiteren TL der Mischung bedecken. Das Häufchen vorsichtig plattdrücken, so daß ein Kreis entsteht. Hitze auf mittlere Stufe erhöhen und beide Seiten der Rösti je 3 Minuten goldbraun backen. Vorgang mit übriger Batatenmischung und Mozzarellawürfeln wiederholen.
Hinweis: Bataten bis zu 2 Stunden im voraus kochen und raspeln und abgedeckt stehen lassen. Erst kurz vor dem Servieren mischen und backen.

Mais-Paprika-Törtchen

Zubereitungszeit:
20 Min.
Garzeit:
25 Min.
Ergibt ca. 36 Stück

3 Platten Tiefkühlblätterteig, ausgerollt
1 kleine Dose (310 g) Maiskörner, abgetropft
150 g geriebener Leicesterkäse
1 kleine rote Paprika, feingehackt
2 Eier, leicht verquirlt
60 ml Buttermilch
170 ml Crème double
1 TL Dijon-Senf
1 Spritzer Tabascosauce

1 Ofen auf 180 °C vorheizen. 36 flache Törtchenbackformen leicht einfetten. Aus dem Blätterteig Kreise von 6 cm Durchmesser ausstechen. Kreise in die vorbereiteten Formen drücken und die Böden mit einer Gabel einstechen.
2 Mais, Käse und Paprika in einer Schüssel mischen und mit Salz und frisch gemahlenem schwarzem Pfeffer abschmecken. Eier, Buttermilch, Crème double, Senf und Tabasco verquirlen. Gemüsemischung auf die Törtchen verteilen, nicht ganz mit der Eimischung auffüllen. 20–25 Minuten backen, bis sie aufgegangen und fest sind. Heiß oder kalt servieren. Mit Kräutern nach Wahl garnieren.
Hinweis: Törtchen bis zu 6 Stunden im voraus zubereiten und luftdicht verschlossen aufbewahren.

Mini-Bataten-Rösti (oben) und Mais-Paprika-Törtchen

Register

Antipasti 56–57
Aromatische Parmesan-
Kräuter-Kartoffelspalten . .42
Auberginen-Piroshki 55
Avocadomus (Guacamole) . .12

Baba Ghanouj 12
Baby-Kartoffeln 9
Brie-Schnittlauch-Füllung . .34
Bruschetta mit diversen
Aufstrichen 20

Chili con Queso 13
Chorizo-Paprika-
Häppchen 52
Crostini mit
Paprikaroulade 27

Eingelegte
Champignons 56–57
Eingelegte Forellen-
Gurken-Törtchen 16
Erdnuß-Dip 49

Fetakäse in
Honigmarinade 56
Feta-Zwiebel-Füllung 35
Frische Frühlingsrollen 2
Fritierte Käse-Sandwiches .15

Garnelen-Bambus-
sprossen-Wan-Tans 58
Garnelen mit
Mangosauce 37
Garnelen mit Zitronen-
Sandwiches 46
Gebackene Oliven 57
Gebratene Auberginen . .28–29
Gegrillte Knoblauch-
garnelen 49
Gerösteter Knoblauch 56
Gorgonzolabeutel mit
Zwiebelmarmelade 38
Guacamole (Avocadomus) . .12

Hähnchen-Quesadillas
mit Tomatensalsa 61
Hähnchen-Ricotta-
Häppchen 28
Hähnchenspieße, würzige . . .5
Hähnchen-Walnuß-
Sandwiches mit Rucola . .45
Honig-Soja-
Hähnchenflügel 23
Hummus
(Kichererbsenmus) 12

Ingwer-Zitronen-
Mayonnaise 10–11

Käse-Pastete 6
Karamelisierte Äpfel
mit Roquefort auf
Pumpernickel 24
Kichererbsenmus
(Hummus) 12
Krabbentoasts 23
Kräuter-Fleischbällchen . .16–17
Kräuter-Muschel-Törtchen . .46
Krebshäppchen mit
Pistazien-Avocado-Dip . .15

Lachsdip 13
Lachsspieße mit Ingwer-
Zitronen-Mayonnaise . . .10

Mais-Paprika-Törtchen . . .62
Meeresfrüchte
mit Pommes Frites 58
Mini-Bataten-Rösti 62
Mini-Croissants 6
Mini-Linsenburger mit
Tomatensauce 10
Mini-Quiches 34–35
Mini-Samosas mit
Raita-Dip 31
Mini-Thai-Hackbällchen . .42

Oliven-Mandel-Palmherzen 41

Paprika-Füllung 35
Paprikaroulade,
Crostini mit 27
Party-Dips 12–13
Pastete, Käse- 6
Pastete, Räucherforellen- . .45
Pikantes Popcorn
mit Nüssen 52
Pistazien-Avocado-Dip 15
Pizzetta-Quadrate 5

Quiches, Mini- 34–35

Räucherforellen-Pastete . . .45
Räucherhähnchenbeutel . .50
Räucherlachsfüllung 34
Räucherlachsröllchen . .24–25
Räucherlachs-Spargel-
Bruschetta 20
Raita-Dip 31
Ricotta-Schinken-
Bruschetta 20
Rinderfiletröllchen 9
Rohkost 13
Rucola-Salami-Bruschetta . .20
Rumpsteakspieße mit
Erdnuß-Dip 49

Samosas, Mini-,
mit Raita-Dip 31
Schinkenspeckfüllung 35
Schottische Wachteleier . .33
Spargel-Prosciutto-
Röllchen 19
Spinatdreiecke 38–39
Spinat-Schinken-Omelett . .37

Tomatensalsa 61
Traditionelle Tomaten-
Basilikum-Bruschetta 20

Wachteleier, schottische . .33
Wan-Tans, Garnelen-
Bambussprossen- 58
Würzige Hähnchenspieße . .5
Würzige Nüsse 31

Ziegenkäsetörtchen 19
Zitronen-Koriander-Dip 2
Zitronen-Sandwiches 46